INTRODUÇÃO A LIDERANÇA E
TOMADA DE DECISÃO NAS
ORGANIZAÇÕES

Título do Livro: **Introdução a Liderança e Tomada de Decisão nas Organizações**

Autor: **Luis Alberto da Silva**

2015, Luis A. Silva, Cotia , São Paulo

Índice

Capítulo - 3

Capítulo - 4

Sumário

No século passado era comum encontrarmos líderes que centralizavam o poder de decisão em si mesmo por não acreditarem na capacidade de seus subordinados. Poucos eram os líderes que diante da necessidade de delegar tarefas, descobriam que seus subordinados possuíam a habilidade de tomar decisões.

Hoje os líderes se esforçam em motivar seus subordinados capacitando-os com informação e treinamento confiando a eles tarefas complexas. Que força é esta capaz de mudar o formato da liderança exercida por vários gerentes do século passado?

Neste novo século XXI, as informações chegam em nosso meio de forma muito mais rápida, mas também, se perde mais rápida. As decisões que podem ser programadas estão codificadas em instrução para computador. Isto permite ao administrador se dedicar as decisões não programadas. Hoje há uma grande demanda na tomada de decisões não programada, de tal forma que, o número de decisões programadas é exponencialmente maior do que o que havia no passado. Uma vez, que as decisões programadas foram automatizadas o administrador se dedica a encontrar novos paradigmas sem precisar cometer o mesmo erro de basear-se somente em seu próprio conhecimento.

Agora o administrador precisa fazer parte de um grupo para enfrentar desafios maiores.

Nas organizações do novo século os indivíduos são parte de uma rede de pensadores e comunicadores sendo tarefa principal do líder motivar e manter esta rede funcionando. As informações que eram desprezadas no passado hoje devem ser mostradas a todos os funcionários da organização. E, este grupo de indivíduos, representam um fator de crescimento para a organização.

Neste novo século o administrador tem a sua disposição sistemas de informação que auxiliam na tomada de decisão e, gastando mais tempo na fase de análise e interpretação das informações para usa-las na automação.

Os assuntos tratados neste livro não é só um registro das mudanças que ocorreram na necessidade de tomada de decisão, mas contribuem para ampliar a visão do administrador e enfatizando as necessidades atuais do mundo globalizado. Decisões tomadas, precisam ser comunicadas e colocadas em prática e, no segundo capítulo, são explanadas as formas de comunicação que existe na organização. Tenho visto hoje falhas recorrentes na comunicação empresarial. Acredito que possamos aproveitar melhor este recurso eliminando as barreiras existentes de forma constante. Um exemplo clássico é a existência de posições hierárquicas que muitas vezes bloqueiam a comunicação vertical além da própria dificuldade da direção da empresa em expor de forma clara os objetivos e metas da organização. O administrador precisa manter as vias de comunicação da empresa funcionando eficientemente evitando gargalos e até perda de informações garantindo eficiência e rapidez na interação da organização com o mercado global.

O novo século XXI, o esforço para entender melhor o ser humano não é só uma preocupação da ciência, mas representa também, a necessidade que as organizações têm de buscar recursos que garantam mais competitividade. Na busca de um melhor desempenho da direção da empresa é necessário avaliar os métodos de motivação utilizados pela organização. Não se pode motivar equipes com alto nível de conhecimento e preparo através de ameaças ou simples recompensas. Considerando o nível dos profissionais deste novo século há a necessidade de integração total dessas pessoas na organização. É necessário que a organização motive essas pessoas oferecendo a elas autonomia, participação nas decisões, confiança e poder. Desta forma, esses profissionais terão o benefício do aprendizado e da realização profissional e pessoal.

O ser humano e a força central de todas as mudanças. É um recurso intangível presente em todas a organização. É importante entendermos que a função do administrador deste século é aprender a lidar melhor com os recursos humanos e principalmente contar com ele. O administrador precisa influenciar seus empregados a buscarem o sucesso pessoal e profissional.

Neste novo cenário surge o líder. O líder não só é o responsável por esclarecer quais metas e objetivos devemos perseguir, mas também, deve ser dotado de carisma e informação.

A liderança na organização se resume em eliminar as diferenças entre as pessoas e colaborar para o desenvolvimento das habilidades dessas pessoas, de forma, a torna-las competentes e acima de tudo felizes. Os piores líderes são aqueles que não assumem suas posições diante da organização e da sociedade.

Capitulo – 1

Tomada de decisão

1.1 - O que é tomada de decisão

Segundo nossas reflexões podemos dizer que Tomada de Decisão é um ato que exige firmeza ou coragem na resolução do problema, objetivando conquistar resultados positivos tanto pessoais quanto econômicos.

"A informação é um recurso efetivo e inexorável para as empresas, especialmente quando planejada e disseminada de forma personalizada com qualidade inquestionável e preferencialmente antecipada para facilitar as decisões." (REZENDE, 2005 p.247).

Paradigmaticamente KAZMIER L. J. (1975) afirma que: "A habilidade em tomar decisões é a chave para o planejamento bem-sucedido em todos os níveis da gestão. Isto envolve mais que uma simples seleção de planos de ação. Há pelo menos três fases: diagnóstico; descobertas de alternativas e análises."

Podemos considerar o diagnóstico como a primeira fase do Processo de Tomada de Decisão. Neste primeiro processo é necessário identificar as questões envolvidas e descobrir as alternativas. O uso da criatividade e a capacidade analítica é uma das várias qualidades do administrador. Essas qualidades servem para avaliar as ações a serem tomadas e, descobrir as alternativas disponíveis.

É fato, todas as pessoas tomam decisões diariamente. Seja para solucionar problemas ou aproveitar oportunidades. Precisamos decidir desde, escolher entre o caminho mais curto ou caminho é mais longo até a roupa que iremos utilizar nas ocasiões. São inúmeras escolhas que fazemos em nosso dia-a-dia e, grande parte dessas escolhas, são classificadas como rotineiras e não exigem grandes esforços para conclui-las. Entretanto, outras escolhas aparecem e merecem mais reflexão e análise de nossa parte. Veja abaixo:

> "Um formando em um curso de graduação em tecnologia recebe algumas propostas de trabalho. A primeira proposta refere-se a um cargo no departamento de marketing em uma empresa do setor financeiro. A segunda proposta refere-se a uma empresa no setor de tecnologia que lhe oferece um cargo de técnico de desenvolvimento de sistemas tendo como remuneração inicial somente um valor abaixo do valor oferecido na primeira oportunidade."

A decisão que este profissional fará hoje terá um grande impacto a longo prazo em sua carreira, portanto, exige mais reflexão que as decisões rotineiras que este profissional toma diariamente. Este processo de decisão e semelhante aos processos de decisões usados pelos administradores de empresa.

Sob o ponto de vista da tomada de decisão, os problemas podem ser classificados em três Categorias:

1. Problemas estruturados
2. Semiestruturados
3. Não estruturados

1.2 - Decisão com base em problemas estruturados

Um problema é considerada estruturado ou bem definido se sua definição ou se, as fases da operação para chegar ao resultado desejado forem bem claras e permitir assim a execução do processo de forma repetida. Alguns exemplos de problemas bem estruturados: registro de funcionários, demissão de funcionários, elaboração de planilhas contábeis e balancetes.

1.3 - Decisão com base em problemas semiestruturados.

Um problema semiestruturados refere-se a uma operação bem conhecida, mas com fatores ou critérios variáveis que podem influenciar no resultado. Como ocorre com problemas de previsão de orçamento ou de compras de reposição de estoque.

1.4 - Decisão com base em problemas não estruturados

Nos problemas não estruturados, o cenário assim como os critérios de decisão não são desconhecidos e não estão ao alcance do administrador. Um exemplo de problema não estruturado é a elaboração de uma linha de produção para atender ao novo produto da empresa ou um plano de ação para a defesa civil diante de uma catástrofe.

1.5 A tomada de decisão na administração

Administrar é tomar decisões, ou seja, é agir conscientemente a favor de uma solução adequada e lucrativa para a empresa ou para nós mesmos. A tomada de decisão deve ser separada em três fases. A primeira refere-se a coleta de informações com o intuito de esclarecer as situações que necessitam de uma decisão. A segunda fase refere-se a desenhar os prováveis cursos de ações que podem ser tomadas. A terceiro refere-se a escolha da melhor opção de ação entre as disponíveis. A tomada de decisão não é uma função só da direção, mas de todos os níveis da empresa e a qualidade das decisões favorecem no reconhecimento do administrador.

1.6 Todos os empregados devem tomar decisões

Todos os funcionários devem estar preparados para tomar decisões, tomar decisão não é função só do administrador, os contadores, técnicos em informáticas, controladores de voo e os médicos tomam decisões que envolvem milhões de reais e até mesmo vidas humanas. Pode-se dizer que qualquer função da empresa exige a tomada de decisão independente do departamento ou o nível hierárquico da empresa.

1.7 - Decisões programadas e não-programadas

As decisões são classificadas em dois tipos: decisões programadas e não-programadas. Decisões programadas são decisões rotineiras pré estabelecidas e registradas no manual ou 'check list' do departamento. Com o uso de computadores, totalmente disseminados nas empresas de hoje, cada vez mais as decisões se integram aos algoritmos e programas de computadores que funcionam não só como documentação dos processos do departamento mas também como ferramenta de decisão automática diminuindo significativamente o tempo de análise e escolha da ação a ser tomada. Veja abaixo alguns exemplos de decisões programadas:

1. Decisões sobre a quantidade de itens a serem solicitados ao fornecedor para repor o estoque.
2. Decisões sobre o processamento do pedido de um cliente ao solicitar a troca de um item de produto.
3. Decisão sobre a admissão de um novo paciente em uma unidade de tratamento intensivo de um hospital.
4. Decisão sobre qual a quantidade checagens por lote para garantir a qualidade das peças produzidas.
5. Decisão sobre procedimento a tomar contra um empregado que não esta agindo de acordo com as regras da organização.

Esses exemplos são tratados de forma sistemática e, por este motivo, fazem parte de uma estrutura de decisão pré estabelecida e disseminada a todos os funcionários do departamento sendo que algumas dessas decisões já estão codificadas em programas de computadores.

As decisões não-programadas são decisões novas que não permitem uma estrutura de decisão fixa e são de importantes consequências. Essas decisões não podem ser programadas e automatizadas, pois exigem uma ação inteligente e adequada ao o problema. Das várias habilidades inerentes ao homem uma delas é a resolução de problemas, não importa o tipo de situação que surge o homem começa a análise através dos fins e meios, técnicas heurísticas, intuição e criatividade. Veja abaixo alguns exemplos de decisões não-programadas:

1. Comprar ou não uma roupa e, de qual marca.
2. Selecionar uma proposta de trabalho entre as diversas recebidas.
3. Onde construir outra filial da empresa.
4. Qual dos elementos do grupo estaria apto a assumir determinada tarefa.
5. Qual seria a distribuição correta das peças produzidas, levando em conta os pedidos dos clientes e a distância desses clientes do ponto de distribuição.

1.8 - Etapas na tomada de decisão na administração

Na Figura 1.1 são mostrados os tipos comuns de modelos de tomada de decisão na administração. As etapas estão distribuídas nesta ordem:

1. Identifique o problema a ser solucionado ou a oportunidade a ser aproveitadas.
2. Elabore as linhas de ação a serem tomadas.
3. Liste as vantagens e desvantagens de cada ação.

4. Selecione a melhor alternativa.

5. Avalie o resultado obtido e, caso a decisão não foi a melhor, volte ao início.

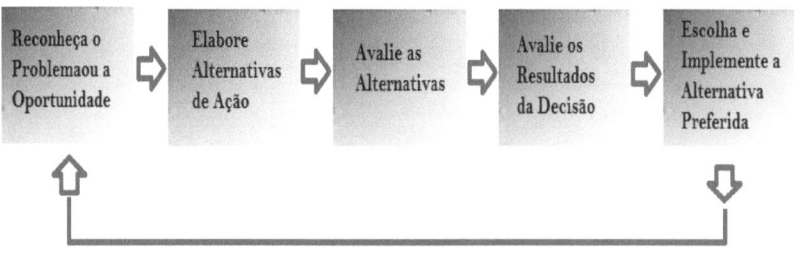

Recomece o processo se a decisão não foi adequada

Figura 1.1. O processo de tomada de decisão - Megginson, Leon C. (Et alli) (1998, p.197)

1.8.1 - Etapa: Reconheça o problema ou oportunidade

Se uma empresa apresenta queda nos lucros no último ano seria ingenuidade acreditar que os funcionários são os culpados ou que os clientes não querem mais o seu produto. Neste caso há a necessidade de fazer uma investigação dos fatos analisar as variáveis internas e externas à empresa. Não devemos encarar os sintomas como causas. É necessário avaliação constante dos resultados para manter os problemas visíveis e, desta forma, manter um processo de pesquisa das possíveis causas. Vejamos alguns exemplos das causas que inferem no dia-a-dia das empresas:

1. Tempo de vida de um produto tende a ser cada vez mais curto.

2. Aumento nos custos da empresa devido à nova política econômica do país.

3. Falta de motivação e aperfeiçoamento das técnicas de atendimento.

4. Dificuldade em se adaptar às novas tendências de mercado.

Existem inúmeras causas possíveis além dessas apresentadas. É função dos administradores reconhecer e entender as situações que ocorrem no cenário atual de forma que se possa, em tempo, implementar uma ação corretiva.

1.8.2 - Etapa: Elabore alternativas de ação

Esta etapa só pode ser iniciada após uma compreensão clara da situação. É importante que o administrador não tente elaborar suas próprias alternativas, o envolvimento de grupos e funcionário interessados em participar do processo de resolução do problema resultará na elaboração de alternativas que o administrador não seria capaz de pensar sozinho.

Quando as alternativas são muitas devemos usar a árvore de decisão para avaliar graficamente as alternativas e os resultados possíveis.

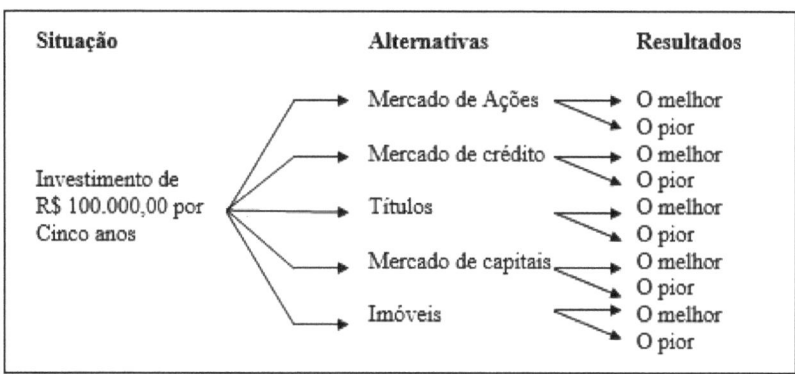

Figura 1.2. Árvore de decisão

Um exemplo do uso de árvore de decisão é as alternativas identificadas na Figura 1.2 por um investidor com R$ 100.000,00 que pretende investir em 5 anos. Neste caso o investidor esta considerando cinco alternativas que, após uma pesquisa dos cenários existentes poderá escolher entre uma ou várias alternativas. Nos livros de administração aconselham a obter todos os fatos na tomada de decisão, mas não é sempre isto acontece devido à falta de tempo e recursos. Muitas das alternativas podem ser ignoradas por vários motivos. Vejamos alguns deles:

1. Alto custo na implementação da ação ou solução.

2. As instalações físicas não suportam a ação ou solução.
3. Falta de tempo na tomada de decisão não permitiu a identificação da alternativa.

Os administradores sempre estarão sob a influência da situação, sendo assim, para identificar as melhores alternativas é importante que o ele seja criativo e conheça as ferramentas de resolução de problemas como, por exemplo, o método dos 5W + 1H. Além de ser capaz de pesar os riscos de uma decisão, pois e mais barato para a empresa desistir da implementação equivocada do que prosseguir com o erro.

1.8.3 - Etapa: Avalie as vantagens e as desvantagens das alternativas

Uma vez que, já temos as alternativas desenhadas o passo seguinte é avalia-las. Toda a alternativa pode ter um ou mais consequência, elas podem ser positivas e negativas, se deixamos nos levar somente pelos aspectos positivos podemos tomar a decisão errada. Uma prática bastante usada na análise de alternativas e nomear um indivíduo para avaliar uma ou mais alternativas e encontrar os aspectos positivos e negativos para depois apresenta-los ao grupo que for tomar a decisão. Há vários instrumentos que podem ser utilizados neste processo, tais como análise de regressão, programação linear e até mesmo a intuição.

1.8.4 - Etapa: Selecione a alternativa preferida e implemente-a

Após a avaliação das alternativas o administrador deve tomar a decisão. A quarta etapa pode ser considerada a mais difícil, pois exige grande capacidade de interpretação dos dados e firmeza na decisão do administrador. Se o administrador não anunciar a decisão de forma convicta, pode gerar resistência e insegurança por parte do grupo e dos acionistas da empresa.

A decisão não termina quando é tomada, o administrador acompanhar a implementação da ação escolhida, pois é neste ponto que muitas decisões tendem a fracassar e grande parte das vezes o administrador será considerado responsável.

1.8.5 - Etapa: Avalie os resultados da decisão

Nesta etapa o administrador desempenha a função de controle, avaliando os resultados e acertando os pontos de falha. Se a ação escolhida for difícil de difícil implementação é função do administrador voltar atrás e admitir que tomou a decisão errada, pois é mais barato para a empresa desistir da implementação equivocada do que prosseguir com o erro. Em situações extremas onde as decisões são irreversíveis então o administrador terá que fazê-la vingar a todo o custo.

Capitulo – 2:
A comunicação na administração

2.1 - O que é comunicação?

A comunicação nas empresas não eram consideradas como importante até o fim dos anos 40 e início dos anos 50, porém com a importância dada aos recursos humanos neste início de década o fator comunicação se tornou um diferencial para a competitividade.

Comunicar é o processo de transferir ideias e pensamentos de uma pessoa à outra. A comunicação não se utiliza somente de cadeias de símbolos mas também de ênfase, expressão facial, gestos e quaisquer outros meios utilizados pelos seres humanos que sugerem o significado real da mensagem. Estima-se que 80% do tempo do administrador é usado para se comunicar sendo esta uma habilidade de grande importância para que o administrador execute suas funções com eficiência.

A comunicação eficaz segue por todas as direções na organização se utilizando das vias existentes. As vias de comunicação de uma organização são basicamente três, ascendente, descendente e horizontal.

2.2 - Comunicação descendente

A via de comunicação descendente é responsável pelo comando da organização, seguindo do alto até o último nível da organização. Esta comunicação reflete a autoridade mostrada no organograma da empresa. Vejamos alguns exemplos:

1. Informações sobre a política da empresa, missão, objetivos e planos de ação.
2. Definição de funções e tarefas.
3. Feedback sobre os resultados.
4. Solicitação de informações aos níveis mais baixos.

2.3 - Comunicação ascendente

A comunicação ascendente representa grande parte das vezes o feedback que os subordinados fazem aos seus superiores, esta informação segue o organograma da empresa desde o nível mais baixo até o primeiro nível da organização. Esta via de comunicação é utilizada para expressar ideias, quebrar paradigmas, relatórios de desempenho e mostrar o progresso das metas estipuladas. Vejamos alguns exemplos:

1. Relatório de produção semanal.

2. Relatório de causas e efeitos de um problema a ser solucionado.

3. Reclamações sobre o ambiente e os métodos de trabalhos.

4. Solicitação de equipamentos e pessoal.

2.4 - Comunicação horizontal

A comunicação horizontal é responsável pela integração de grupos de trabalho e departamentos e atende perfeitamente a nova forma da organização matricial. É fundamental para a eficácia do grupo ou indivíduo interagir com outras unidades da organização e até depender delas. É comum as organizações de hoje utilizarem especialistas na coordenação de vários projetos. É a comunicação horizontal que facilita a coordenação desses projetos. Vejamos alguns exemplos:

1. Comunicação entre departamentos.

2. Comunicação entre colegas do mesmo departamento.

2.5 - Comunicação informal

A comunicação informal ocupa as vias de comunicação com boatos e fofocas e é considerada como a segunda maior fonte de informação nas organizações. Sabemos que a maioria dos boatos tem um pouco de verdade e essa afirmação é comprovada por autoridades em recursos humanos. Essas autoridades afirmam que a comunicação informal mostra uma precisão entre 80% e 99%, sem contar que esta forma de comunicação tem um alto grau de influência sobre a decisão dos administradores. É função do administrador se utilizar da comunicação informal para ensaiar suas decisões, mas nunca se basear nessas informações para tomar suas decisões. A comunicação informal tem como fonte principal os departamentos esquecidos na organização, ou seja, quanto menos informado estão os subordinados em assuntos que eles acreditam ser importante maior será a capacidade do sistema informal.

2.6 – Como se processa a comunicação

O processo de comunicação é influenciado pela capacidade das pessoas em se comunicar, e inclui a educação, as crenças e cultura desta pessoa.

O processo de comunicação é formado por vários elementos, conforme mostrado na Figura 2.1, elementos esses que se conectam entre si formando a linha de comunicação.

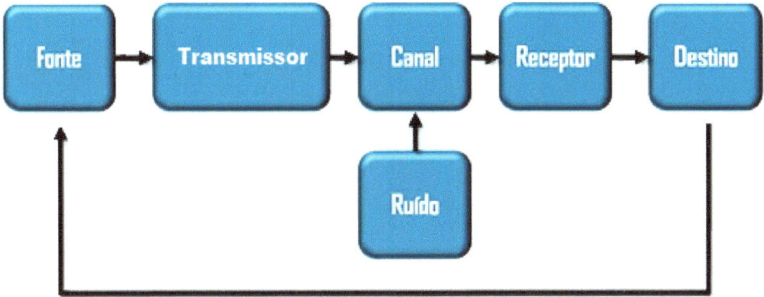

Figura 2.1. Processo de comunicação

2.7 - Ruídos na comunicação

Ruídos são interferências que podem ocorrer em qualquer estágio do processo de comunicação dificultando a decodificação da mensagem tais como poluição sonora, canal de comunicação ineficiente, a cultura do receptor não permite a interpretação correta da mensagem, o medo de retornar feedback para a fonte e mensagens desorganizadas.

Capitulo – 3:
Motivando seus funcionários

3.1 – Motivação é a essência da administração

São muitos os fatores que influenciam as pessoas a alcançarem um bom desempenho em suas atividades profissionais. Gostaríamos de compreender qual a razão pela, qual as pessoas alcançam alta produtividade em suas tarefas. São vários os fatores que influenciam um funcionário a produzir mais e melhor, mas a principal variável e a motivação. Motivar é induzir pessoa ou um grupo a prática de esforços que resultem no atendimento aos objetivos da organização. Existem pelo menos três objetivos da motivação em uma organização, são eles:

1. Incentivar trabalhadores a ingressar na empresa
2. Estimular os funcionários a produzir mais e melhor.
3. Incentivar os funcionários a permanecerem na empresa

É função dos administradores buscar alcançar o desempenho máximo dos recursos da organização, este desempenho tem uma forte ligação com as respostas positivas de seus funcionários. O desafio é desenvolver um ambiente de trabalho capaz de estimular constantemente os funcionários a serem eficientes.

3.2 – Motivação, capacidade e desempenho

Não podemos afirmar que a produtividade de um funcionário é em função de sua capacidade, caso contrario, quanto maior fosse sua capacidade maior seria a produção. Acontece que cada funcionário pode decidir entre trabalhar mais e superar suas expectativas ou trabalhar menos. Cabe ao administrador motivar o desempenho e a eficiência dos funcionários.

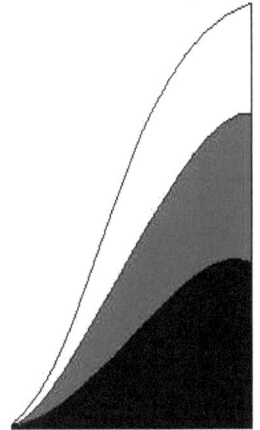

Nível de capacidade crescente e forte motivação

Nível de capacidade esperado mas sem influência da motivação

Nível de capacidade crescente, e motivação fraca ou nenhuma

Figura 3.1. Como desempenho é afetado pela capacidade e motivação

A motivação e a capacidade são os fatores que propiciam aumento no desempenho desejado dos funcionários conforme

28

podemos observar na Figura 3.1.

3.3 - As teorias da motivação

Sabendo da importância que as teorias possuem na história do desenvolvimento humano torna-se necessário conhecer as teorias da motivação, que podem ser classificadas em: conteúdo e processo.

3.3.1 – Teorias do conteúdo da motivação

Esta teoria refere-se a questões relacionadas as necessidades e percepções do indivíduo – fatores internos – e, os incentivos que motivam a busca por resultados e alcance de metas – fatores externos –.

Megginson, Leon C. (Et alli) (1998, p.350) afirma que Maslow baseou seu conceito de hierarquia de necessidades em dois princípios. Em primeiro lugar, "as necessidades humanas podem ser colocadas em uma hierarquia de importância", progredindo dos níveis mais baixos para as necessidades mais altas. Em segundo lugar, "uma necessidade satisfeita não pode ser usada como motivador primordial de comportamento".

Conforme Figura 3.2 observaremos como é a hierarquia das

necessidades humanas e logo após explicaremos os níveis.

Figura 3.2. Hierarquia de necessidades de Maslow, em teoria.

3.3.1.1 – Necessidades fisiológicas

No nível de importância mais alto esta nossas necessidades fisiológicas que superam qualquer outra necessidade, pois mais importante do que qualquer coisa é manter a saúde mental e física em condições que propiciem uma qualidade de vida adequada para nos.

3.3.1.2 – Necessidades de segurança

Com as necessidades fisiológicas satisfeitas surge a necessidade de segurança. Neste nível o indivíduo busca abrigo e proteção contra as ameaças. Por exemplo: um funcionário resolve aplicar suas economias no mercado de ações com o intuito de garantir reservas para o final de sua vida. Funcionários que dependem de seu trabalho encaram a necessidade de segurança com grande importância.

3.3.1.3 – Necessidades sociais

Neste nível de necessidade o funcionário busca aceitação dos colegas, amizade e amor. Quando as necessidades sociais não estão satisfatórias o funcionário tende a bloquear a motivação, resistir as mudanças e não cooperar mais com seu grupo, frustrando os objetivos da empresa. É importante que o líder atue nas causas desse comportamento e não nas consequências.

3.3.1.4 – Necessidades de estima

Menos importante que as necessidades sociais, no sentido de que elas prevalecem enquanto não forem satisfeitas, estão as necessidades de estima. As necessidades de estima originam-se de duas maneiras. A primeira esta relaciona à nossa auto-estima: necessidades de conhecimento, autoconfiança, independência e realização. A segunda está relacionada à nossa reputação: necessidade de reconhecimento, status, apreciação e respeito.

Diferente das necessidades já mostradas anteriormente estas nem sempre são completamente atendidas, pois as pessoas procuram constantemente mais satisfazer mais dessas necessidades. É função do administrador organizar o trabalho e as tarefas de forma que atenda aos aspectos desta motivação em todos os níveis da hierarquia.

3.3.1.5 – Necessidades de auto realização

Por último esta a necessidade de auto-realização, esta teoricamente é a necessidade de menor prioridade para o ser humano. A necessidade de auto-realização refere-se a capacidade do funcionário em executar bem o próprio trabalho, desenvolver seu potencial e criatividade. É função do administrador propiciar um ambiente favorável ao atendimento dessa necessidade.

3.4.1 – Teorias do processo da motivação

A teoria do processo de motivação focam na maneira pela qual o comportamento é induzido e dirigido. São dois os processos de motivação: teoria da expectativa e teoria do reforço positivo.

3.4.1.1 – Teoria das expectativas

Esta teoria diz que o funcionário terá um grau maior de

desempenho quando perceberem que, há uma grande probabilidade de aumentar seu desempenho, há uma grande probabilidade de aumentar a produção de acordo com seu desempenho e que esses esforços resultarão em uma recompensa.

Por exemplo, se o funcionário percebe que com bastante trabalho poderá alcançar uma promoção e um aumento de salário, então este funcionário dará mais valor a esta possibilidade.

Megginson, Leon C. (Et alli) (1998, p.361) afirma que, de acordo com Victor Vroom, as pessoas se motivam para trabalhar se: (1) esperam que um esforço maior leve a recompensa e (2) valorizam as recompensas resultantes de seus esforços.

De acordo com a teoria da expectativa de Victor Vroom o resultado produzido é:

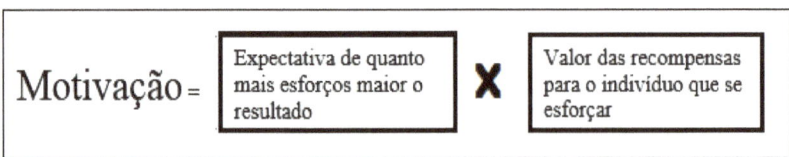

Figura 3.3

Um administrador que conheça as necessidades e capacidades de seus funcionários poderá influenciar o desempenho dos grupos estipulando metas desafiadoras, mas que possam ser cumpridas, dando as recompensas adequadas.

3.4.1.2 – Teoria do reforço positivo

Esta teoria se baseia no trabalho realizado pelo psicólogo B. F. Skinner e, também é conhecida como condicionamento Skinneriano, condicionamento operante ou modificação de comportamento.

Conforme Megginson, Leon C. (Et alli) (1998, p.361) a teoria do reforço positivo, que se baseia principalmente na lei de efeito do notável educador Edward Thorndike, afirma que o comportamento ao qual se seguem consequências satisfatórias tende a ser repetido, enquanto que o comportamento seguido de consequências insatisfatórias tende a não se repetir.

Megginson, Leon C. (Et alli) (1998, p.362) afirma também que Skinner caracteriza:

Reforço positivo – uma recompensa atraente depois da resposta ou a remoção de uma condição desagradável, ou negativa depois da resposta.

Punição – consequências desagradáveis após um comportamento ou resposta indesejável dirigida a ele.

A teoria do reforço positivo nos diz que há motivação quando o comportamento favorável e seguido de uma recompensa e a desmotivação quando o comportamento desfavorável é seguido de uma punição.

Ha duas formas de praticar o reforço positivo, são elas:

1. Pode-se elogiar e oferecer recompensas quando ocorre um comportamento favorável. Com isto o administrador encoraja a repetição da ação.

2. Pode-se repreender ou dar aviso disciplinar quando ocorre comportamentos desfavoráveis fazendo com que não aja repetição da ação.

Quando usamos o elogio para aplicar a técnica do reforço positivo é necessário sinceridade e merecimento, caso contrário os efeitos podem ser prejudiciais.

Capitulo – 4:
Liderança

4.1– Necessidades de liderança eficaz

Há uma grande demanda de líderes para ocupação de cargos na gerência e até mesmo na direção das organizações. Com a velocidade que as mudanças acontecem no mundo globalizado não é mais permitido ter administradores que centralizam informações em si mesmo, gerentes autocráticos e ineficazes. A palavra de ordem hoje é o 'Empowerment', ou seja, a transferência do poder de decisão para todos os funcionários da organização. Desta forma a função do líder não é só manter o desempenho do departamento, mas estabelecer objetivos e estratégias e incentivar o grupo a alcançar suas metas pessoais e profissionais.

As pessoas confundem liderança com administração, de fato a capacidade de liderança deve ser uma das habilidades do administrador, mas o ato de administrar vai muito além disto, consiste em planejar, organizar e controlar os recursos da organização.

A líder tem tarefas, atividades e metas a cumprirem assim como qualquer outro funcionário, mas é no relacionamento com seu grupo que as qualidades de liderança surgem.

4.2– Classificação dos líderes

Os líderes podem ser classificados de várias maneiras, uma delas refere-se ao tipo de abordagem usada. São elas: autocrática, democrática, laissez-faire.

Líderes autocráticos – São chamados de autoritários, e impões suas decisões e estratégias e não permite a participação do grupo. Esses líderes são comuns em escolas mititares.

Líderes democráticos ou participativos – São cada vez mais comuns nas organizações privadas e tende a ser o perfil de líder mais desejado pelas organizações. Este tipo de líder permite o total envolvimento do grupo no estabelecimento de metas, objetivos e funções.

Líderes de tipo lissez-faire – São conhecidos como "líderes da rédea solta", pois deixam que os grupos atuem da forma que quiserem. Esse tipo de líder é comparado a alguns professores que não cobram lição de casa, não direcionam assuntos na sala de aula tratando os assuntos à medida que surgem.

Uma outra forma de classificação de líderes refere-se a

"Orientação para o trabalho", são elas:

Líderes orientados para tarefas ou para a produção – Esses líderes dão foco no trabalho a ser realizado se organizam de forma estruturada identificando a forma de fazer, as pessoas que devem fazer e o tempo da atividade.

Líderes orientados para pessoas ou empregados – Esses líderes focam no relacionamento com seu grupo, se preocupa constantemente com o bem-estar de sua equipe e valorizam a distribuição de poder.

A orientação do líder, conforme observamos na Figura 4.1, pode ser distribuída de forma separada ou combinada conforme as exigências do grupo naquele momento. Um departamento com alto nível de stress precisa de um líder orientado para o trabalho e com grandes conhecimentos técnicos. Por outro lado, um departamento com atividades desestruturadas e com baixa nível de stress obterá melhor desempenho com uma liderança orientada para pessoas.

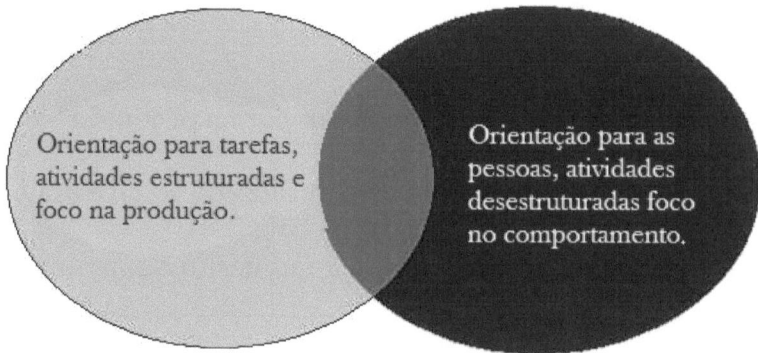

Figura 4.1. Diferentes orientações de liderança

Bibliografia

Luis Alberto da silva, analista de tecnologia da informação e escritor. Paulista nascido em 1975.

Participou de vários projetos de desenvolvimento de sistemas distribuídos com banco de dados.

É bacharel em Ciências da Computação pela Universidade São Marcos e Pós-Graduado em Administração de Empresas pela Faculdade FMU.

Referências

Megginson, Leon C. (Et alli), Administração conceitos e aplicações, São Paulo, 4° edição, ed. Harbra Ltda., 1998.

Herbert A. Simon, A capadidade de decisão e de liderança, Rio de Janeiro, Ed. Fundo da Cultura S.A., 1963.

Tamio Shimizu, Decisão Nas Organizações, São Paulo, Ed. Atlas, 2001.

REZENDE, Denis Alcides. Engenharia de software e sistemas de informação, Rio de Janeiro, 3° edição, ed. Brasport, 2005.

KAZMIER L. J., Princípios de Gerência, Rio de Janeiro, 2° edição, ed. Pallas ,1975.

www.ingramcontent.com/pod-product-compliance
Lightning Source LLC
Chambersburg PA
CBHW040817200526
45159CB00024B/3010